AF384555

LA PRATIQUE DE LA LOI

SUR LE

REPOS HEBDOMADAIRE

TEXTE COMPLET DE LA LOI

*Commentaire en regard, article par article,
suivant l'interprétation officielle.*

RÉPERTOIRE DES ASSEMBLÉES CONSULTÉES POUR LES DÉROGATIONS :

*Conseil municipal, Chambre de commerce de Lyon,
Chambres syndicales patronales et ouvrières.*

Prix : **30 centimes.**

Edition du " PROGRÈS DE LYON "

85, rue de la République, 85

Au Lecteur

La seule prétention de ce modeste travail est d'être un guide pratique pour tous ceux qu'intéresse la nouvelle loi sur le repos hebdomadaire, une sorte de manuel que patrons et ouvriers puissent utilement consulter pour la délimitation légale de leurs devoirs et de leurs droits.

Préciser toutes les difficultés qui surgissent déjà, prévoir celles qui vont surgir plus nombreuses encore à mesure de l'application plus rigoureuse de la loi, et à plus forte raison les solutionner, est actuellement impossible en matière aussi complexe et en l'absence de toute jurisprudence.

Nous nous sommes donc bornés à étudier consciencieusement la loi en serrant du plus près le texte et l'intention parfois obscure du législateur.

Nous nous sommes aussi inspirés largement du premier règlement d'administration publique et des circulaires ministérielles aux préfets et aux inspecteurs du travail. Nous avons coordonné et complété ces études par les enquêtes personnelles que nous avons publiées et par les consultations qu'ont bien voulu nous accorder M. Alapetite, préfet du Rhône, et M. H. Gaillard, un de ses plus distingués et plus aimables chefs de division.

C'est donc en quelque sorte l'interprétation officielle que nous exposons, la seule qui importe en l'occurence, puisque c'est la seule qu'appliqueront les agents du pouvoir exécutif.

Notre but serait atteint si, grâce aux indications, aux précisions que nous avons transcrites en regard du texte de la loi, des malentendus et des conflits étaient évités. Nous aurions facilité d'autant la réalisation d'une réforme sociale qui, pour avoir parmi les commerçants et les industriels des répercussions pénibles momentanément, n'en constitue pas moins un immense bienfait pour le monde du travail.

LE PROGRÈS.

LOI

du 13 Juillet 1906

ÉTABLISSANT LE REPOS HEBDOMADAIRE EN FAVEUR DES EMPLOYÉS ET OUVRIERS

Le Sénat et la Chambre des députés ont adopté,

Le Président de la République promulgue la loi dont la teneur suit :

Article premier. — Il est interdit d'occuper plus de six jours par semaine un même employé ou ouvrier dans un établissement industriel ou commercial ou dans ses dépendances, de quelque nature qu'il soit, public ou privé, laïque ou religieux, même s'il a un caractère d'enseignement professionnel ou de bienfaisance.

Le repos hebdomadaire devra avoir une durée minima de vingt-quatre heures consécutives.

Art. 2. — Le repos hebdomadaire doit être donné le dimanche.

Toutefois, lorsqu'il est établi que le repos simultané, le dimanche, de tout le personnel d'un établissement serait préjudiciable au public ou compromettrait le fonctionnement normal de cet établissement, le repos peut être donné, soit constamment, soit à certaines époques de l'année seulement, ou bien :

a) Un autre jour que le dimanche à tout le personnel de l'établissement.

b) Du dimanche midi au lundi midi.

c) Le dimanche après-midi, avec un repos compensateur d'une journée par roulement et par quinzaine.

d) Par roulement à tout ou partie du personnel.

Des autorisations nécessaires devront être demandées et obtenues conformément aux prescriptions des articles 8 et 9 de la présente loi.

Art. 3. — Sont admis de droit à donner le repos hebdomadaire par roulement les établissements appartenant aux catégories suivantes :

1° Fabrication de produits alimentaires destinés à la consommation immédiate ;

2ᶜ Hôtels, restaurants et débits de boissons;

3° Débits de tabac et magasins de fleurs naturelles ;

4° Hôpitaux, hospices, asiles, maisons de retraite et d'aliénés, dispensaires, maisons de santé, pharmacies, drogueries, magasins d'appareils médicaux et chirurgicaux;

5° Établissements de bains ;

6° Entreprises de journaux, d'informations et de spectacles, musées et expositions;

7° Entreprises de location de livres, de chaises, de moyens de locomotion ;

8° Entreprises d'éclairage et de distribution d'eau ou de force motrice;

9° Entreprises de transport par terre autres que les chemins de fer, travaux de chargement et de déchargement dans les ports, débarcadères et stations;

10° Industries où sont mises en œuvre des matières susceptibles d'altération très rapide;

11° Industries dans lesquelles toute interruption de travail entraînerait la perte ou la dépréciation du produit en cours de fabrication.

Un règlement d'administration publique énumérera la nomenclature des industries comprises dans les catégories figurant sous les numéros 10 et 11, ainsi que les autres catégories d'établissements qui pourront bénéficier du droit de donner le repos hebdomadaire par roulement.

Un autre règlement d'administration publique déterminera également des dérogations particulières au repos des spécialistes occupés dans les usines à feu continu, telles que les hauts-fourneaux.

Art. 4. —En cas de travaux urgents, dont l'exécution immédiate est nécessaire pour organiser des mesures de sauvetage, pour prévenir des accidents imminents ou réparer des accidents survenus au matériel, aux installations ou aux bâtiments de l'établissement, le repos hebdomadaire pourra être suspendu pour le personnel nécessaire à l'exécution des travaux urgents. Cette faculté de suspension s'applique non seulement aux ouvriers de l'entreprise où les travaux urgents sont nécessaires, mais aussi à ceux d'une autre entreprise faisant les réparations pour le compte de la première. Dans cette seconde entreprise, chaque ouvrier devra jouir d'un repos compensateur d'une durée égale au repos supprimé.

Art. 5. — Dans tout établissement qui aura le repos hebdomadaire au même jour pour tout le personnel, le repos hebdomadaire pourra être réduit à une demi-journée pour les personnes employées à la conduite des générateurs et des machines motrices, au graissage et à la visite des transmissions, au nettoyage des locaux industriels, magasins ou bureaux, ainsi que pour les gardiens et concierges.

Dans les établissements de vente de denrées alimentaires au détail, le repos pourra être donné le dimanche après-midi, avec un repos compensateur, par roulement et par semaine, d'une autre après-midi pour les employés âgés de moins de vingt et un ans et logés chez leurs patrons, et, par roulement et par quinzaine, d'une journée entière pour les autres employés.

Dans les établissements occupant moins de cinq ouvriers ou employés et admis à donner le repos par roulement, le repos d'une journée par semaine pourra être remplacé par deux repos d'une demi-journée, représentant ensemble la durée d'une journée complète de travail.

Dans tout établissement où s'exerce un commerce de détail et dans lequel le repos hebdomadaire aura lieu le dimanche, ce repos pourra être supprimé lorsqu'il coïncidera avec un jour de fête locale ou de quartier désigné par un arrêté municipal.

Art. 6. — Dans toutes les catégories d'entreprises où les intempéries déterminent des chômages, les repos forcés viendront, au cours de chaque mois, en déduction des jours de repos hebdomadaire.

Les industries de plein air, celles qui ne travaillent qu'à certaines époques de l'année, pourront suspendre le repos hebdomadaire quinze fois par an.

Celles qui emploient des matières périssables, celles qui ont à répondre à certains moments à un surcroît extraordinaire de travail, et qui ont fixé le repos hebdomadaire au même jour pour tout le personnel, pourront également suspendre le repos hebdomadaire quinze fois par an. Mais pour ces deux catégories d'industrie, l'employé ou l'ouvrier devra jouir au moins de deux jours de repos par mois.

Art. 7. — Dans les établissements soumis au contrôle de l'État, ainsi que dans ceux où sont exécutés des travaux pour le compte de l'État et dans l'intérêt de la défense nationale, les ministres intéressés pourront suspendre le repos hebdomadaire quinze fois par an.

Art. 8. — Lorsqu'un établissement quelconque voudra bénéficier de l'une des exceptions prévues au paragraphe 2 de l'article 2, il sera tenu d'adresser une demande au préfet du département.

Celui-ci devra demander d'urgence les avis du Conseil municipal, de la Chambre du commerce de la région et des syndicats patronaux et ouvriers intéressés de la commune. Ces avis devront être donnés dans le délai d'un mois.

Le préfet statuera ensuite par un arrêté motivé qu'il notifiera dans la huitaine.

L'autorisation accordée à un établissement devra être étendue aux établissements de la même ville faisant le même genre d'affaires et s'adressant à la même clientèle.

Art. 9. — L'arrêté préfectoral pourra être déféré au Conseil d'État dans la quinzaine de sa notification aux intéressés.

Le Conseil d'État statuera dans le mois qui suivra la date du recours qui sera suspensif.

Art. 10. — Des règlements d'administration publique organiseront le contrôle des jours de repos pour tous les établissements, que le repos hebdomadaire soit collectif ou qu'il soit organisé par roulement.

Ils détermineront également les conditions du préavis, qui devra être adressé à l'inspecteur du travail par le chef de tout établissement qui bénéficiera des dérogations.

Art. 11. — Les inspecteurs et inspectrices du travail sont chargés, concurremment avec tous officiers de police judiciaire, de constater les infractions à la présente loi.

Dans les établissements soumis au contrôle du Ministre des Travaux publics, l'exécution de la loi est assurée par les fonctionnaires chargés de ce contrôle, placés à cet effet sous l'autorité du Ministre du Commerce et de l'Industrie. Les délégués mineurs signalent les infractions sur leur rapport.

Art. 12. — Les contraventions sont constatées dans des procès-verbaux qui font foi jusqu'à preuve contraire.

Ces procès-verbaux sont dressés en double exemplaire, dont l'un est envoyé au préfet du département et l'autre déposé au Parquet.

Art. 13. — Les chefs d'entreprises, directeurs ou gérants qui auront contrevenu aux prescriptions de la présente loi et des règlements d'administration publique relatifs à son exécution seront poursuivis devant le tribunal de simple police et passibles d'une amende de cinq à quinze francs (5 à 15 fr.).

L'amende sera appliquée autant de fois qu'il y aura de personnes occupées dans des conditions contraires à la présente loi, sans toutefois que le maximum puisse dépasser cinq cents francs (500 fr.).

Art. 14. — Les chefs d'entreprises seront civilement responsables des condamnations prononcées contre leurs directeurs ou gérants.

Art. 15. — En cas de récidive, le contrevena sera poursuivi devant le tribunal correctionnel puni d'une amende de seize à cent francs (16 à 100 fr.).

Il y a récidive lorsque, dans les douze mois anté rieurs au fait poursuivi, le contrevenant a déjà subi une condamnation pour une contravention identique.

En cas de pluralité de contraventions entraînant ces peines de la récidive, l'amende sera appliquée autant de fois qu'il aura été relevé de nouvelles contraventions, sans toutefois que le maximum puisse dépasser trois mille francs (3.000 fr.).

Art. 16. — Est puni d'une amende de cent à cinq cents francs (100 à 500 fr.) quiconque aura mis obstacle à l'accomplissement du service d'un inspecteur.

En cas de récidive dans les délais spécifiés à l'article précédent, l'amende sera portée de cinq cents à mille francs (500 à 1.000 fr.).

L'article 463 du Code pénal est applicable aux condamnations prononcées en vertu de cet article et des articles 13, 14 et 15.

Art. 17. — Les dispositions de la présente loi ne sont pas applicables aux employés et ouvriers des entreprises de transports par eau, non plus qu'à ceux des chemins de fer, dont les repos sont réglés par des dispositions spéciales.

Art. 18. — Sont abrogées les dispositions des articles 5 et 7 de la loi du 2 novembre 1892 en ce qui touche le repos hebdomadaire.

Les dérogations prévues à l'article 4 et au premier paragraphe de l'article 5 de la présente loi ne sont pas applicables aux enfants de moins de 18 ans et aux filles mineures.

Les dérogations prévues au paragraphe 3 de l'article 5 ne sont pas applicables aux personnes protégées par la loi du 2 novembre 1892.

Un réglement d'administration publique établira la nomenclature des industries particulières qui devront être comprises dans les catégories générales énoncées à l'article 6 de la présente loi en ce qui concerne les femmes et les enfants.

La présente loi, délibérée et adoptée par le Sénat et par la Chambre des députés, sera exécutée comme loi de l'Etat.

Fait à Paris, le 13 juillet 1906.

A. FALLIÈRES.

Par le Président de la République :

Le Ministre du Commerce, de l'Industrie et du Travail,
Gaston DOUMERGUE.

*Le président du Conseil,
Garde des Sceaux, Ministre de la Justice,*
F. SARRIEN.

EXPLICATION DE LA LOI

Texte de la Loi	COMMENTAIRE

LE PRINCIPE DE LA LOI

ART. 1er.

Il est interdit d'occuper plus de six jours par semaine un même employé ou ouvrier dans un établissement industriel ou commercial ou dans ses dépendances, de quelque nature qu'il soit, public ou privé, laïque ou religieux, même s'il a un caractère d'enseignement professionnel ou de bienfaisance.

Le repos hebdomadaire devra avoir une durée minima de vingt-quatre heures consécutives.

Cet article pose le principe même de la loi. C'est donc en serrant du plus près ce principe qu'on se tiendra dans la vérité légale pour les cas douteux.

Tout employé ou ouvrier d'un établissement commercial ou industriel quelconque a droit à vingt-quatre heures consécutives de repos par semaine.

Les employés d'agents de change, de courtiers, bénéficient de la loi comme appartenant à des établissements commerciaux. Par contre en sont exclus : les clercs de notaires, d'avoués, d'huissiers, les médecins des hôpitaux, les rédacteurs de journaux, les employés de l'Etat, des départements et des communes.

La loi ne s'applique qu'aux personnes travaillant pour le commerce ou pour l'industrie. Elle ne s'applique pas aux domestiques. Par exemple : un patron devra le repos au concierge de son usine, il ne le devra pas à celui de son habitation particulière.

Les gérants d'établissements bénéficieront ou ne bénéficieront pas du repos, suivant qu'ils se réclameront de la qualité d'employés ou de celle d'associés ou de chefs d'entreprises d'annexe ou de succursale. Les tribunaux apprécieront, car 'est à eux qu'appartient en définitive l'interprétation de la loi.

LE REPOS COLLECTIF DU DIMANCHE
LES DÉROGATIONS

ART. 2

Le repos hebdomadaire doit être donné le dimanche.

Toutefois, lorsqu'il est établi que le repos simultané, le dimanche, de tout le personnel d'un

Second principe : le dimanche est le jour légal de repos pour tout le personnel d'un établissement donné. En d'autres termes : le repos collectif le dimanche est la règle.

Les exceptions à ce principe sont mentionnées sous les lettres A. B. C. D., par ordre d'importance, et sont accordées dans cet ordre par le préfet.

Texte de la Loi

COMMENTAIRE

établissement serait préjudiciable au public ou compromettrait le fonctionnement normal de cet établissement, le repos peut être donné soit constamment, soit à certaines époques de l'année seulement, ou bien :

(A) Un autre jour que le dimanche à tout le personnel de l'établissement ;

(B) Du dimanche midi au lundi midi ;

(C) Le dimanche après midi avec un repos compensateur d'une journée par roulement et par quinzaine ;

(D) Par roulement à tout ou partie du personnel.

Des autorisations nécessaires devront être demandées et obtenues, conformément aux prescriptions des articles 8 et 9 de la présente loi.

Il sera donc plus facile d'obtenir la première dérogation (A) que la seconde (B), la seconde (B) que la troisième (C), etc.

Ces exceptions sont *rigoureusement* limitées au commerce ou à l'industrie qui les motive. Ce n'est que sur avis exprès de l'administration préfectorale qu'elles peuvent être étendues soit d'un établissement à l'autre, soit d'une catégorie à l'autre des employés ou ouvriers d'une même maison.

Ainsi, l'inspecteur du travail devra dresser procès-verbal si le jour du repos il rencontre une personne employée en vertu d'une exception ou dérogation occupée à un travail non visé par le texte qui a institué cette exception ou dérogation.

LA QUESTION DES EXTRAS

Le repos collectif doit être compté de *minuit* à *minuit*. Ici se place une interprétation de la loi dont il faut tenir compte puisqu'elle émane du ministre compétent, mais qui soulèvera certainement de fortes objections. Dans sa circulaire du trois septembre 1906, M. Gaston Doumergue, ministre du commerce de l'industrie et du travail, s'exprime ainsi :

« Tout établissement soumis à un des quatre régimes (de repos collectif) ne peut occuper aucun employé pendant la durée assignée au repos collectif, sauf pour les travaux visés aux articles 4 et 5, paragraphe 1er. Il ne lui est pas permis, notamment, d'assurer pendant le repos collectif, par un personnel d'extra, la marche de l'industrie ou du commerce exercés. Cette manière de faire, qui en général aurait pour but de tourner la loi, constituerait un repos par roulement. »

C'est là une extension qu'on aura peine à justifier, soit par le texte, soit par l'esprit de la loi. Il appartiendra aux intéressés de faire valoir utilement tout ce que pareille interprétation a d'abusif et de nuisible.

Comment pourraient continuer à vivre dans ce cas les petites industries, les petits commerces n'employant qu'un nombre restreint d'employés ou même qu'un seul employé ?

Placés dans l'alternative d'augmenter leur personnel d'une façon disproportionnée avec leurs recettes ou de fermer au jour fixé, lequel peut être pour eux précisément le plus fruc-

COMMENTAIRE

tueux de la semaine, ces établissements seraient condamnés à la ruine.

Or, nous ne croyons pas que ce soit là le but poursuivi par le législateur.

LE REPOS PAR ROULEMENT

Le repos par roulement n'est pas *forcément* compté de minuit à minuit. Il suffit que l'employé ou l'ouvrier jouisse de vingt-quatre heures consécutives de repos par semaine.

Tout établissement autorisé par la loi à donner le repos par roulement peut, à plus forte raison, donner congé à la totalité du personnel admis au roulement, un même jour quelconque de la semaine.

L'application du repos par roulement comportant pour la plupart des établissements un supplément de personnel, et d'autre part, un délai plus ou moins long étant nécessaire pour le recrutement et l'éducation de ce personnel, les inspecteurs du travail ont l'ordre de se montrer très tolérants.

Ils ne devront sévir qu'en cas de parti pris évident, de mauvais vouloir manifeste, et après des avertissements motivés.

ART. 3

Sont admis de droit à donner le repos hebdomadaire par roulement les établissements appartenant aux catégories suivantes :

Les commerces ou industries visés dans cet article n'ont pas besoin de l'autorisation préfectorale pour donner le repos par roulement. Ces établissements bénéficient *de droit* d'une dérogation. Néanmoins ils devront notifier à l'inspecteur du travail le régime de repos qu'ils ont adopté.

Cette dérogation est facultative, c'est-à-dire que les patrons pourront y renoncer à condition d'appliquer le repos collectif du dimanche, et cela alors même que la dérogation serait appliquée dans tous les établissements similaires de la commune.

1° Fabrication de produits alimentaires destinés à la consommation immédiate ;

Dans la première catégorie : « Fabrication de produits alimentaires destinés à la consommation immédiate », il ne faut comprendre que les ouvriers employés à la fabrication et le personnel strictement nécessaire à l'écoulement immédiat des produits.

2° Hôtels, restaurants et débits de boissons ;

3° Débits de tabac et magasins de fleurs naturelles ;

C'est ainsi que les ouvriers boulangers, pâtissiers, charcutiers sont justiciables de cet article alors que les porteurs ou porteuses de pain, les vendeurs ou vendeuses relèvent d'autres dispositions de la loi et notamment de l'article 5, paragraphe deux.

Texte de la Loi

4° Hôpitaux, hospices, asiles, maisons de retraite et d'aliénés, dispensaires, maisons de santé, pharmacies, drogueries, magasins d'appareils médicaux et chirurgicaux ;

5° Etablissements de bains ;

6° Entreprises de journaux, d'informations et spectacles, musées et expositions ;

7° Entreprises de locations de livres, de chaises, de moyens de locomotion ;

8° Entreprises d'éclairage et distribution d'eau ou force motrice ;

9° Entreprises de transports par terre autres que les chemins de fer, travaux de chargement et de déchargement dans les ports, débarcadères et stations ;

10° Industries où sont mises en œuvre des matières susceptibles d'altération très rapide ;

11° Industries dans lesquelles toute interruption de travail entraînerait la perte ou la dépréciation du produit en cours de fabrication.

Un règlement d'administration publique énumérera la nomenclature des industries comprises dans les catégories figurant sous les numéros 10 et 11, ainsi que les autres catégories d'établis-

COMMENTAIRE

Dans les hôpitaux ou maisons de santé, dans les établissements de bains, dans les journaux, dans les théâtres, la loi s'applique au seul personnel employés ou ouvriers et non aux médecins, rédacteurs ni acteurs.

C'est encore là une interprétation ministérielle que contestent un certain nombre d'intéressés. Il est possible que, tenant compte des protestations qui s'élèvent, les règlements d'administration publique à paraître modifient cette interprétation restrictive, notamment pour les journalistes.

Les garages d'automobiles ne sont pas mentionnés dans la loi comme bénéficiant d'une dérogation de droit. Ils semblent devoir être assimilés soit « aux entreprises de location de moyens de locomotion », soit aux « entreprises de transport par terre autres que les chemins de fer », admises de droit à donner le repos par roulement en vertu de l'art. 3 (paragraphes 7 et 9).

Mais comme cette interprétation n'est pas incontestable, les intéressés peuvent toujours solliciter du préfet la dérogation par roulement prévue par l'art. 2, paragraphe D.

Jusqu'à promulgation du règlement d'administration publique énumérant les « industries où sont mises en œuvre des matières susceptibles d'altération très rapide », et « les industries dans lesquelles toute interruption du travail entraînerait la perte ou la dépréciation du produit en cours de fabrication », les établissements qui peuvent de bonne foi revendiquer ces caractères sont admis à donner le repos par roulement. Ceci à titre essentiellement provisoire.

Dès l'apparition du règlement, tout système de repos qui ne serait pas conforme à ses prescriptions devra cesser sans délai.

Provisoires aussi jusqu'au règlement les autorisations de repos par roulement acordées aux *ouvriers spécialistes, et rien qu'à ceux-là*, dans les usines à feu continu.

LA « SOUPAPE DE SURETÉ »

Il importe de remarquer que le règlement d'administration à intervenir énumérera non seulement les établissements pouvant rentrer dans les catégories visées par les paragraphes

Texte de la Loi

COMMENTAIRE

sements qui pourront bénéficier du droit de donner le repos hebdomadaire par roulement.

Un autre règlement d'administration publique déterminera également des dérogations particulières au repos des spécialistes occupés dans es usines à feu continu, telles que les hauts-fourneaux.

ART. 4

En cas de travaux urgents dont l'exécution immédiate est nécessaire pour organiser des mesures de sauvetage, pour prévenir des accidents imminents ou réparer des accidents survenus au matériel, aux installations ou aux bâtiments de l'établissement, le repos hebdomadaire pourra être suspendu pour le personnel nécessaire à l'exécution des travaux urgents.

Cette faculté de suspension s'applique non seulement aux ouvriers de l'entreprise où les travaux urgents sont nécessaires, mais aussi à ceux d'une autre entreprise faisant les réparations pour le compte de la première. Dans cette seconde entreprise chaque ouvrier devra jouir d'un repos compensateur d'une durée égale au repos supprimé.

ART. 5

Dans tout établissement qui aura le repos hebdomadaire au même jour pour tout le personnel, le repos hebdomadaire pourra être réduit à une demi-journée pour les personnes employées à la conduite des générateurs et machines motrices, au graissage et à la

10 et 11 de l'article 3, mais encore d'autres catégories d'établissements qui pourront être admis au roulement de droit.

C'est ce que M. Doumergue, ministre du commerce, appelle la « soupape de sûreté » de la loi. Les chefs d'établissement qui croient pouvoir entrer dans les catégories des paragraphes 10 et 11, ainsi que ceux qui croiraient pouvoir bénéficier d'une assimilation, feront bien d'adresser *d'urgence* une demande motivée au préfet, qui la transmettra au ministère. Il sera tenu compte de ces demandes dans l'élaboration du règlement d'administration actuellement soumis au Conseil d'Etat.

C'est ainsi, par exemple, que les industriels ou commerçants dont les établissements comportent un certain nombre d'animaux domestiques, porcheries, vacheries, écuries, étables, marchands ou commissionnaires en bestiaux, infirmeries d'animaux, etc., pourront utilement bénéficier du repos par roulement.

Cette dérogation non plus n'est pas applicable aux enfants de moins de dix-huit ans ni aux filles mineures.

Au cours de la discussion au Sénat, il a été nettement spécifié que le nettoyage des « locaux industriels » ne comportait pas le nettoyage des métiers ni de l'outillage général. Seuls les générateurs et machines motrices, ainsi que les transmissions, sont visés par le paragraphe qui prévoit leur entretien par des personnes attachées à leur conduite.

Texte de la Loi

visite des transmissions, au nettoyage des locaux industriels, magasins ou bureaux, ainsi que pour les gardiens et les concierges.

Dans les établissements de vente de denrées alimentaires au détail, le repos pourra être donné le dimanche après-midi avec un repos compensateur, par roulement et par semaine, d'une autre après-midi pour les employés âgés de moins de 21 ans et logés chez leurs patrons, et par roulement et par quinzaine, d'une journée entière pour les autres employés.

Dans les établissements occupant moins de cinq ouvriers ou employés et admis à donner le repos par roulement, le repos d'une journée par semaine pourra être remplacé par deux repos d'une demi-journée représentant ensemble la durée d'une journée complète de travail.

Dans tout établissement où s'exerce un commerce de détail et dans lequel le repos hebdomadaire aura lieu le dimanche, ce repos pourra être supprimé lorsqu'il coïncidera avec un jour de fête locale ou de quartier désigné par un arrêté municipal.

COMMENTAIRE

Les boulangers, les charcutiers, les pâtissiers, et d'une façon générale tous les patrons qui occupent en même temps un personnel de *fabrication* et un personnel de *vente* devront prendre garde à la distinction qu'a faite entre ces deux personnels le législateur.

Alors que la fabrication de produits alimentaires destinés à la consommation immédiate « bénéficie de droit du repos hebdomadaire par roulement », la « vente au détail de denrées alimentaires » *pourra* donner le dimanche après-midi, avec repos compensateur par roulement et par semaine, etc.

Dans les magasins de denrées alimentaires qui cumulent la vente d'autres articles, la dérogation ne s'appliquera qu'aux employés occupés à la vente des denrées.

En ce qui concerne les mineurs, il est interdit de les occuper à partir de midi le dimanche et le jour de repos compensateur.

Il s'agit ici des commerces ou industries occupant *au plus* quatre employés, et admis soit de droit, soit par autorisation préfectorale, à donner le repos par roulement. Ces patrons pourront remplacer la journée de repos par deux repos d'une demi-journée représentant ensemble la durée d'une journée complète de travail.

Voici l'exemple dont se sert M. Doumergue pour préciser le sens de ce paragraphe :

« Si la journée de travail d'un employé commence à huit heures du matin pour finir à huit heures du soir, soit au total douze heures, il serait contraire à la loi de donner à cet employé deux repos de huit heures à midi, car il ne se trouverait, en fait, exonéré que de huit heures de travail par semaine au lieu de douze heures.

« Mais on pourra lui donner une matinée et une après-midi ou deux matinées prolongées jusqu'à une heure après midi, ou, *a fortiori*, deux après-midi. »

Texte de la Loi

ART. 6

Dans toutes les catégories d'entreprises où les intempéries déterminent des chômages, les repos forcés viendront au cours de chaque mois en déduction des jours de repos hebdomadaire.

Les industries de plein air, celles qui ne travaillent qu'à certaines époques de l'année, pourront suspendre le repos hebdomadaire quinze fois par an.

Celles qui emploient des matières périssables, celles qui ont à répondre à certains moments à un surcroît extraordinaire de travail et qui ont fixé le repos hebdomadaire au même jour pour tout le personnel, pourront également suspendre le repos hebdomadaire quinze fois par an.

Mais pour ces deux dernières catégories d'industries, l'employé ou l'ouvrier devra jouir au moins de deux jours de repos par mois.

ART. 7

Dans les établissements soumis au contrôle de l'État ainsi que dans ceux où sont exécutés des travaux pour le compte de l'État et dans l'intérêt de la défense nationale, les ministres intéressés pourront suspendre le repos hebdomadaire quinze fois par an.

ART. 8

Lorsqu'un établissement quelconque voudra bénéficier de l'une des exceptions prévues au paragraphe 2 de l'art. 2, il sera tenu d'adresser une demande au préfet du département.

Celui-ci devra demander d'urgence les avis du

COMMENTAIRE

LES SUSPENSIONS DE REPOS

Seul le premier cas de suspension du repos, d'après le texte actuel de la loi, est applicable au commerce. Les autres, explicitement, ne concernent que l'industrie.

Ainsi, les épiciers ont réclamé la suspension du repos pendant la période des fêtes de Noël et du Nouvel An. Il est patent qu'ils ont à répondre à ce moment à un surcroît de travail. Mais ce surcroît n'est pas extraordinaire puisqu'il est périodique, et, de plus, les épiciers exercent un commerce et non une industrie.

Nous ne croyons donc pas que le texte formel de la loi permette la dérogation sollicitée.

Cet article édicte d'une façon trop limpide une exception d'Etat pour qu'il soit utile d'insister.

FORME ET PROCÉDURES DES DEMANDES EN DÉROGATION

Les demandes en dérogation doivent être adressées d'urgence au préfet. Ces demandes devront :

1° Viser une *dérogation* et *rien que celle-là* ;

2° Indiquer de la façon la plus précise les raisons invoquées

Texte de la Loi

Conseil municipal, de la Chambre de commerce de la région et des syndicats patronaux et ouvriers intéressés de la commune.

Ces avis devront être donnés dans le délai d'un mois.

Le préfet statuera ensuite par un arrêté motivé qu'il notifiera dans la huitaine.

COMMENTAIRE

à l'appui de la dérogation spéciale qu'on sollicite, etc. Mais nous ne pouvons mieux faire que citer textuellement la circulaire du Ministre du Commerce aux préfets, en date du 20 juillet :

« Indiquer tout d'abord les graves difficultés que rencontrerait dans leur établissement l'application de la règle commune du repos du dimanche. Ils devront *prouver* là nécessité pour le public de trouver leur établissement ouvert le dimanche, ou l'impossibilité, pour la catégorie d'établissements dont ils font partie, de fonctionner normalement en fixant ce jour de repos à leur personnel. Il ne s'agit point ici de pures préférences ou de simples commodités tendant à faire échec aux intentions formelles du législateur, mais d'inconvénients graves, dont l'appréciation vous appartient, sous la réserve du droit d'appel des intéressés » ;

3° Porter la nomenclature des différents produits ouvrés, fabriqués ou vendus. Par exemple, un bazar devra spécifier chacun de ses comptoirs ;

4° Limiter la demande à une ou plusieurs des dérogations prévues par la loi. Toute autre forme de repos hebdomadaire serait illégale et par conséquent irrecevable.

Les demandes en dérogation peuvent être formulées, soit par un établissement en particulier, soit par plusieurs établissements exerçant le même commerce ou la même industrie, soit enfin par la Chambre syndicale patronale, à condition qu'elle ne comporte exclusivement que les commerçants ou industriels de la même localité et qu'elle soit accompagnée d'une liste de tous ceux qui ont adhéré à la demande. Cette liste doit être certifiée par le président et le secrétaire du syndicat.

Les demandes collectives doivent porter les signatures et les adresses de tous les intéressés.

Même les établissements qui bénéficient d'une dérogation doivent notifier à l'inspecteur du travail le système de repos qu'ils appliquent.

Les demandes de dérogation sont provisoirement suspensives. Il suffit d'appliquer exactement la dérogation qu'on croit justifiée et qu'on demande pour être en règle avec la loi. Mais sitôt que le préfet aura statué, il faudra se conformer à sa décision, sous peine d'encourir les sanctions légales.

Texte de la Loi

L'autorisation accordée à un établissement devra être étendue aux établissements de la même ville faisant le même genre d'affaires et s'adressant à la même clientèle.

ART. 9

L'arrêté préfectoral pourra être déféré au Conseil d'État dans la quinzaine de sa notification aux intéressés. Le Conseil d'État statuera dans le mois qui suivra la date du recours qui sera suspensif.

ART. 10

Des règlements d'administration publique organiseront le contrôle des jours de repos pour tous les établissements, que le repos hebomadaire soit collectif ou qu'il soit organisé par

COMMENTAIRE

D'ores et déjà, la loi doit être observée et ceux qui, aujourd'hui, seraient convaincus de ne pas appliquer une forme quelconque du repos légal seraient poursuivis.

Le préfet ne saurait faire état des réclamations, observations ou renseignements que pourraient lui transmettre des particuliers et des groupements au sujet des demandes. Ces observations et réclamations seront bien plus utilement présentées aux assemblées appelées à donner leur avis : Conseil municipal, Chambre de commerce, syndicats patronaux et ouvriers.

La dérogation obtenue s'étend bien de droit « aux établissements de la ville faisant le même genre d'affaires et s'adressant à la même clientèle », mais il n'en faut pas moins, pour bénéficier de cette dérogation, que chaque industriel ait fait nommément sa demande au préfet, soit isolément, soit sur une pétition corporative.

L'obtention d'une dérogation n'oblige pas à cette dérogation tous les commerces et industries de la même catégorie. La dérogation est facultative. Ceux qui préféreront le repos collectif du dimanche pourront toujours l'appliquer, même si l'ensemble de leur corporation bénéficiait d'une dérogation.

Rien dans le texte de la loi n'indique qu'un établissement donné ne pourra bénéficier successivement de deux dérogations. Par exemple un détaillant pourrait obtenir de donner le repos hebdomadaire du dimanche midi au lundi midi pendant une partie de l'année, et par roulement pendant l'autre partie, si les besoins de son commerce l'exigent.

De même rien ne s'oppose dans la loi à ce qu'un établissement bénéficie simultanément de plusieurs dérogations ; on admet jusqu'ici que c'est chose possible. Il suffira de justifier que les travaux pour lesquels les dérogations sont demandées entrent bien dans les catégories prévues par la loi.

LE PREMIER RÈGLEMENT D'ADMINISTRATION

Voici le premier de ces règlements d'administration publique qui a permis, dès sa promulgation, la mise en vigueur de la loi :

Texte de la Loi

roulement. Ils détermineront également les conditions du préavis qui devra être adressé à l'inspecteur du travail par le chef de tout établissement qui bénéficiera des dérogations.

COMMENTAIRE

Le Président de la République,

Décrète :

Article premier. — Dans tous les établissements spécifiés à l'article premier de la loi du 13 juillet 1906 où le repos collectif n'est pas assuré le dimanche, des affiches indiquant les jours et heures du repos hebdomadaire donné aux employés et aux ouvriers doivent être apposées par les soins des chefs d'entreprise, directeurs ou gérants.

Dans ces mêmes établissements, lorsque le repos n'est pas donné collectivement à tout le personnel, le chef d'entreprise, directeur ou gérant doit inscrire sur un registre spécial les noms des employés et ouvriers soumis à un régime particulier de repos et indiquer ce régime. Pour chacune de ces personnes, le registre doit faire connaître le jour et éventuellement les demi-journées choisies pour son repos.

Art. 2. — L'affiche doit être facilement accessible et lisible.

Un duplicata en est envoyé, avant sa mise en service, à l'inspecteur du travail de la circonscription.

Le registre est tenu constamment à jour. Il reste à la disposition de l'inspecteur et doit être communiqué aux employés et ouvriers qui en font la demande. Il est visé par l'inspecteur au cours de ses visites.

Art. 3. — Tout chef d'entreprise, directeur ou gérant, qui veut suspendre le repos hebdomadaire, en vertu soit de l'article 4, soit des paragraphes 2 et 3 de l'article 6 de la loi, doit en aviser immédiatement, et, sauf le cas de force majeure, avant le commencement du travail, l'inspecteur de la circonscription.

Il doit faire connaître à ce fonctionnaire les circonstances qui justifient la suspension du repos hebdomadaire, indiquer la date et la durée de cette suspension, et spécifier le nombre d'employés et d'ouvriers auxquels elle s'applique.

En outre, dans le cas prévu par l'article 4, lorsque des travaux urgents sont exécutés par une entreprise distincte, l'avis du chef, du directeur ou du gérant de cette entreprise mentionne la date du jour de repos compensateur assuré au personnel.

Pour les industries déterminées au paragraphe 3 de l'article 6, l'avis indique les deux jours de repos mensuels réservés aux employés et ouvriers.

Art. 4. — Dans les établissements spécifiés au paragraphe premier de l'article 6 de la loi, le chef d'entreprise, directeur ou gérant, doit, en cas de repos imposé par les intempéries, en prévenir, le jour même, l'inspecteur du travail et lui indiquer le nombre des personnes qui ont chômé. Il fait connaître, la veille au plus

Texte de la Loi

COMMENTAIRE

tard, à l'inspecteur, les jours où le repos hebdomadaire sera supprimé en compensation du chômage.

ART. 5. — Dans les cas prévus par les articles 3 et 4 ci-dessus, copie de l'avis doit être affichée dans l'établissement pendant toute la durée de la dérogation.

ART. 6. — Le Ministre du Commerce, de l'Industrie et du Travail est chargé de l'exécution du présent décret, etc...

Fait à Rambouillet, le 24 août 1906.

Le Président de la République,
A. FALLIÈRES.

ART. 11

Les inspecteurs et inspectrices du travail sont chargés, concurremment avec tous officiers de police judiciaire, de constater les infractions à la présente loi.

Dans les établissements soumis au contrôle du Ministre des Travaux publics, l'exécution de la loi est assurée par des fonctionnaires chargés de ce contrôle, placés à cet effet sous l'autorité du Ministre du Commerce et de l'Industrie.

Les délégués mineurs signalent les infractions sur leur rapport.

ART. 12

Les contraventions sont constatées dans des procès-verbaux qui font foi jusqu'à preuve contraire.

Ces procès-verbaux sont dressés en double exemplaire, dont l'un est envoyé au préfet du département et l'autre déposé au Parquet.

ART. 13

Les chefs d'entreprise, directeurs ou gérants, qui auront contrevenu aux prescriptions de la présente loi et des règlements d'administration

LE CONTROLE DE LA LOI

Ce ne sont pas seulement les inspecteurs et inspectrices du travail, mais encore les commissaires de police et les maires, qui sont chargés de surveiller l'application de la loi. Tous peuvent et doivent contrôler les établissements industriels et commerciaux et dresser les procès-verbaux des contraventions constatées.

Il appartiendra aux intéressés d'appeler l'attention de ces agents du pouvoir exécutif sur les abus dont ils pourraient être victimes en dépit de la loi.

Dès à présent, tout officier de police peut être requis.

Il devra dresser procès-verbal, dès maintenant, toutes les fois que l'établissement ne donnera pas le repos hebdomadaire légal, ou bien, s'il est en instance de dérogation, n'appliquera pas la dérogation qu'il sollicite.

LES PÉNALITÉS

En vertu de ces articles, la première poursuite a lieu devant le tribunal de simple police et, en cas de récidive, devant le tribunal correctionnel.

RÉPERTOIRE

des Assemblées consultées pour les dérogations

Conseil municipal, Chambre de Commerce de Lyon, Chambres syndicales patronales et ouvrières.

CONSEIL MUNICIPAL DE LYON

MM.

Abel, cours de la Liberté, 74.
Arnaud, cours Suchet, 18.
Arnoud, quai Tilsitt, 16.
Barbero, place Moncey, 5.
Bataille, avenue Félix-Faure, 123.
Baudry, rue Imbert-Colomès, 3.
Beauvisage, rue de l'Université, 45.
Bizet, rue Tronchet, 8.
Brunard, avenue de Saxe, 262.
Cadet, rue Ney, 75.
Carle, route d'Heyrieux, 128.
Chat, rue Constantine, 12.
Curtelin, rue Garibaldi, 56.
Cusset, rue Sébastien-Gryphe, 59.
Decléris (fils), rue Davout, 3.
Fagot, rue Cuvier, 129.
Falconnier, rue Duquesne, 52.
Faure (Jean), place Tabareau, 14.
Foret, grande rue de la Guillotière, 164.
Fort (Victor), boulevard de la Croix-Rousse, 155.
Gadoud, rue Gigodot, 12.
Garnier, rue Vaubecour, 40.
Gipon, chemin Saint-Antoine, 24.
Godart, rue d'Algérie, 1.
Gorjus, rue de l'Enfance, 10.
Gourju, rue de la République, 64.
Herriot, cours d'Herbouville, 1.
Hoffherr, avenue de Saxe, 137.
Jacquet, rue du Sergent-Blandan, 25.
Jacquier, quai Perrache, 23.
Lavigne, place Bellecour, 18.
Manus, quai de Serin, 17.
Marietton, place Sathonay, 1.

Marro, rue d'Avignon, 41.
Menut, rue Montesquieu, 27.
Mermillon, rue de Saint-Cyr, 32.
Mousset, route de Grenoble, 247.
Nové-Josserand, quai Tilsitt, 18.
Novel, place du Gouvernement, 1.
Piaton, rue Cuvier, 31.
Pic, place Ollier, 1.
Renard, rue Saint-Jean, 7.
Richerand, rue des Petites-Sœurs, 20.
Rivière, rue Victor-Hugo, 9.
Rognon, rue Béchevelin, 97.
Roustang, rue de la Pyramide, 41.
Roux, cours Lafayette, 249.
Thévenon, rue Dumenge, 7.
Tixier, place du Bachut, 7.
Veyron, avenue des Ponts, 305.
Vial, grande rue de Vaise, 41.
Voidier, place du Petit-Change, 2.
Voillot, cours Vitton, 65.

CHAMBRE DE COMMERCE DE LYON

Palais du Commerce, place de la Bourse.

BUREAU

MM.

Le Préfet du Rhône.
Aynard, O. ✻, ❀ A., *député*, président d'honneur.
Isaac, ✻, président.
Coignet, vice-président.
Vindry, ✻, secrétaire.
Chambeyron, ✻, trésorier.

MEMBRES

MM.

Aynard (E.), O. ✻, ❀ A., *banque*, rue de la République, 19.
Chambeyron (G.), ✻, *minoterie*, quai de la Gare-d'Eau, 1.
Coignet (J.), *produits chimiques*, rue Rabelais, 3.
Demange (P.), *métallurgie*, rue Auguste-Comte, 55.
Ferrand (F.), *pâtes alimentaires*, cours Gambetta, 94.
Gillet (J.), ✻, *teinture*, quai de Serin, 9.
Guéneau (P.), *soierie*, place du Griffon, 7.
Isaac (A.), ✻, *soierie et dentelle*, rue Pizay, 11.
Lignon (A.), *vins*, grande rue de la Guillotière, 148.
Lyonnet (G.), *denrées coloniales*, rue Bât-d'Argent, 41.
Mollard (P.), *soie*, petite rue des Feuillants, 5.
Paufique (M.), *bâtiment*, rue du Peyrat, 3.
Payen (E.), ✻, *soies*, rue Pizay, 9.
Permezel (L.), O. ✻, *soieries*, rue Pizay, 8.
Perrin (A.), ✻, ✻, *cuirs et peaux*, rue des Maisons-Neuves, 65.
Pila (U.), *soies*, O. ✻, rue de la République, 13.

Ricard (F.), ✳, *lainages*, rue des Capucins, 23.
Richard (E.), *soieries*, rue du Griffon, 8.
Teste (A.), ✳, *métallurgie*, rue de la Claire, 20.
Testenoire (E.), *soies*, rue du Griffon, 13.
Vindry (P.), ✳, *commerce général*,, avenue de Noailles, 63.
Secrétariat : tous les jours de 9 à 5 heures.
Secrétaire archiviste : M. Morand, ✳, ❂ A., chemin des Trois-Artichauts, 11.
Secrétaire-adjoint : Pelosse, ❂ I., rue la Bourse, 43.
Bibliothécaire : Royet, ❂ A., rue Palais-Grillet, 3.
Employés : Dubief, à Bron.
    Mazeyrac, rue Terme, 20.
    Ribeyrolles, rue de l'Annonciade, 20.
Garçons de bureau : Garnier, montée de la Boucle, 53.
    Alex, rue Servient, 69.

UNION DES CHAMBRES SYNDICALES LYONNAISES

1, rue du Bât-d'Argent, 1

NOMENCLATURE DES SYNDICATS PATRONAUX ADHÉRENTS

Acheteurs de Soieries pour la France et l'exportation, 1, rue du Bât-d'Argent; *président*, M. G. Goudchaux, 8, place des Pénitents-de-la-Croix.

Ameublement, 8, rue des Archers; *président*, M. A. Deveraux, 10, quai des Célestins.

Banque et Bourse, 1, rue du Bât-d'Argent; *président*, M. J. Cambefort; *délégué*, M. H. Charbonnier, 6, rue du Bât-d'Argent.

Boucherie, 13, rue Sainte-Catherine; *président*, M. J. Paturel, 27, rue de Saint-Cyr.

Brasseurs et Entrepositaires de bières, *président*, M. Thomas; *délégué*, M. S.-C. Radisson, 22, quai de Cuire, à Caluire-et-Cuire (Rhône).

Commerce des Bois, 8, rue des Archers; *président*, M. Grand-Clément, 11, rue de la Buire.

Commissionnaires en Primeurs, *président*, M. F. Laupies; *délégué*, M. Janin, 11, quai de la Guillotière.

Entrepreneurs de Transports de la Région lyonnaise, 1, rue du Bât-d'Argent; *président*, M. A. Chevrot, 14, rue de Vauban.

Entrepreneurs de Travaux de Bâtiment, 8, rue des Archers; *président*, M. C. Berlie, 2, rue Paul-Chenavard.

Fabricants de Chaussures en gros, *président*, M. L. Servajean, 55, rue Molière.

Fabricants de Couronnes funéraires, *président*, M. J. Grel, 8, grande rue de la Guillotière.

Fabricants lyonnais de chapellerie, *président*, M. Tivil-
LIER ; *délégué*, M. Cuny-Ravet, 21, rue Centrale.

Fabrique lyonnaise, 1, rue du Bât-d'Argent; *président*, M. E.
Baboin ; *délégué*, M. Joseph Wies, 1, place Saint-Clair.

Horticulteurs de la Région lyonnaise, 2, rue Mulet ; *président*, M. C. Jacquier fils ; *délégué*, M. Ant. Rivoire, 16, rue
d'Algérie.

Imprimeurs et Industries qui s'y rattachent, *président*,
M. P. Legendre; *délégué*, M. Léon Morel, 139, avenue de Saxe.

Industrie des Cuirs et Peaux. *président*, M. A. Perrin,
65, rue des Maisons-Neuves, Villeurbanne.

Liqueurs et Alcools en gros, *président*, M. Peyret ; *délégué*,
M. A. Dumas, 9, rue Gasparin.

Marchands de Charbons en gros, 78, rue de la Charité ;
président, M. A. Streichenberger, 4, rue des Deux-Maisons.

Marchands de Soie, 29, rue Puits-Gaillot; *président*, M. E.
Morel ; *délégué*, M. H. Chamonard, 9, rue de l'Arbre-Sec.

Métallurgie, 72, rue Pierre-Corneille; *président*, M. P. Demange ;
délégué, M. A. Teste, 20, rue de la Claire.

Meunerie, *président*, M. G. Chambeyron ; *délégué*, M. J. Milliat,
319, avenue des Ponts.

Négociants, 2, rue de la Poulaillerie ; *président*, M. Franck
Ricard, 23, rue des Capucins.

Négociants et Commissionnaires en Bestiaux, *président*,
M. Michon, 4, chemin de Saint-Just à Saint-Simon.

Pharmaciens, *président*, M. H. Philippe ; *délégué*, M. A. André,
5, place du Change.

**Produits chimiques, Droguerie, Denrées coloniales,
Pâtes alimentaires,** 23, passage des Terreaux ; *président*,
M. Lucien Picard, à Saint-Fons (Rhône).

Propriétés immobilières de la ville de Lyon, 72, rue
Pierre-Corneille ; *président*, M. A. Araud, 21, cours Morand.

Restaurateurs, Hôteliers et Limonadiers, *président*,
M. Duplessy ; *délégué*, M. F. Michallet, 66, rue de la République.

Soierie lyonnaise, 19, rue Puits-Gaillot; *président*, M. P. Guéneau; *délégué*, M. H. Genin, 18, rue des Capucins.

Syndicat lyonnais des Transports, 1, rue du Bât-d'Argent;
président, M. Van Deursen ; *délégué*, M. Vanel, 2, quai Saint-
Clair.

**Teinture en pièces, Apprêt, Impression et Industries
similaires,** 6, quai de Retz; *président*, M. C. Garnier, 50, rue
Boileau.

Teinture et Apprêts, 6, quai de Retz; *président*, M. Joseph
Gillet, 9, quai de Serin.

Tissage mécanique des Soieries, 18, rue Neuve; *président*,
M. A. Giraud-Bouvard, à Moirans (Isère).

Vins, Spiritueux et Liqueurs en gros, 4, rue du Plâtre ;
président, M. Tournier ; *délégué*, M. A. Lignon, 146, grande
rue de la Guillotière.

Secrétaire Archiviste : M. Joanny Pey, 1, rue du Bât-d'Argent.

ALLIANCE DES CHAMBRES SYNDICALES PATRONALES

Syndicat des Marchands d'Articles de voyages : *président*, M. BARRET, rue de l'Hôtel-de-Ville, 101.

Syndicat des Charcutiers : *président*, M. GRIZAUD, rue de la Charité, 20.

Syndicat des Limonadiers-Restaurateurs : *président*, M. GLASSON, avenue de Saxe, 235.

Syndicat des Teinturiers-Dégraisseurs : *président*, M. DENIS.

Syndicat des Bureaux de placement : *président*, M. COSTE, rue Jean-de-Tournes, 6.

Syndicat des Marchands de chaussures en détail : *président*, M. PRADEL, rue de l'Hôtel-de-Ville, 192.

Syndicat des Marchands de beurre : *président*, M. BONNET, rue d'Austerlitz, 27.

Syndicat des Maréchaux-ferrants : *président*, M. MEILLON, à St-Fons.

Syndicat des Pâtissiers-Confiseurs : *président*, M. COQUARD, rue Grenette, 32.

Syndicat des Vétérinaires : *président*, M. GROSSETÊTE, rue Corne-de-Cerf, 15.

Syndicat des Chapeliers en détail : *président*, M. BLANC, rue Terme, 17.

Instruments de musique : *président*, M. COUSIN, quai Saint-Vincent, 30.

Syndicat des Herboristes : *président*, M. BRIFFAUD, à Rillieux.

Syndicat des Chausseurs : *président*, M. DESPORTES, rue Ferrandière, 21.

Syndicat des Teinturiers-Apprêteurs : *président*, M. PITHIOUX, rue Bossuet, 12.

Syndicat des Marchands de charbons : *président*, M. FALLION, Grande rue de Monplaisir, 80.

Syndicat des Marchands de fromages : *président*, M. DOUILLET, rue de Marseille, 20.

Syndicat des Photographes : *président*, M. BIOLETTO, rue Stella, 1.

Syndicat des Boulangers : *président*, M. THÉVENON, rue Dumenge, 7.

Syndicat des Epiceries commestibles : *président*, M. AUBERY, cours Charlemagne, 6.

Syndicat des Pharmaciens : *président*, M. CHEVILLON, cours d'Herbouville, 21.

Syndicat des Tripiers : *président*, M. RIGOT, rue Garibaldi, 51.

Syndicat des Serruriers : *président*, M. BUTTIN, rue Palais-Grillet, 18.

Syndicat des Bateaux à laver : *président*, M. CÉCILLON, quai de Retz, 11.

Syndicat des Entrepreneurs de voitures : *président*, M. CYVOCT, rue Auguste-Comte, 56.

BOURSE DU TRAVAIL DE LYON

37, cours Morand, 39

Créée en janvier 1891, la Bourse du Travail comprend : Bibliothèque, Bureau de placement, Bulletin mensuel, Cours professionnels.

La Bourse du Travail est administrée par un Conseil d'administration composé d'un délégué par syndicat, une Commission administrative choisie au sein du Conseil d'administration et composée de 9 membres, un secrétaire général et un trésorier.

Le Conseil d'administration se divise en cinq grandes Commissions : Commission d'enquète, de contrôle, des cours professionnels, d'étude, de propagande.

Voici les membres de la Commission administrative actuelle :

MM.

BÉDUÉ, rue Duguesclin, 10.
CATINOT, rue Burdeau, 28.
DREYER, rue Amédée-Bonnet, 9.
DENIS, rue Persoz, 3, Villeurbanne.
PORTIER, rue J.-Claude-Vivant, 11, Villeurbanne.
SUANT, avenue des Ponts, 131.
ULRICH, rue Boileau, 200.
GRIME, rue du Chariot-d'Or, 3.

Secrétaire général : M. J. GUERRY, rue Vauban, 76.

Trésorier : M. RÉNARD, rue du Bon-Pasteur, 2.

Le secrétariat est ouvert tous les jours non fériés, de 8 heures du matin à midi et de 2 heures à 6 heures du soir.

SYNDICATS ADHÉRENTS A LA BOURSE

APRÈS SA RÉORGANISATION DATANT DU 15 AVRIL 1906

Artistes Musiciens, fondé en 1899 ; *secrétaire,* M. GUILHEME, rue Palais-Grillet, 12.

Apprêteurs sur étoffes réunis, fondé en 1906 ; *secrétaire,* M. E. COCHART, rue du Quatre-Août, 117, Villeurbanne.

Balanciers, fondé en 1887 ; *secrétaire,* M. SAUVAGEOT, quai Jayr, 30.

Cimentiers, fondé en 1884 ; *secrétaire,* M. PETIT, rue Moncey, 101.

Cantonniers et similaires, fondé en 1900 ; *secrétaire,* M. CAILLOT, rue de la Villette, 69.

Camionneurs messagistes, fondé en 1894 ; *secrétaire,* M. BÉDUI, rue Duguesclin, 10.

Chenilleurs réunis, fondé en 1894 ; *secrétaire,* M. SIMONOD, rue Bugeaud, 69.

Emballeurs et similaires, fondé en 1894 ; *secrétaire,* M. GRATON, rue Imbert-Colomès, 10.

Ébénistes, fondé en 1881 ; *secrétaire,* M. BOUILLOT, cours Gambetta, 307.

Fédération des chauffeurs-mécaniciens, fondé en 1884; *secrétaire,* M. DUPLAN, rue Vieille-Monnaie, 33.

Guimpiers tireurs d'or, fondé en 1880; *secrétaire,* M. PARCEINT, rue de l'Alma, 11.

Habillement militaire, fondé en 1899; *secrétaire,* M. GENEVET, chemin de la Mouche, 9.

Imprimeurs sur étoffes, fondé en 1886; *secrétaire,* M. BERTHET, rue Notre-Dame, 36.

Infirmiers et similaires des Hospices civils, fondé en 1904; *secrétaire,* M. PEILLOD E., rue Jangot, 4.

Infirmiers, infirmières de l'asile de Bron, fondé en 1905; *secrétaire,* M. BRISON, employé à l'asile.

Jardiniers municipaux, fondé en 1901; *secrétaire,* M. CHALAND J., rue Charles-Lyonnet, 61.

Liseurs et piqueurs de dessin, fondé en 1899; *secrétaire,* M. MITIFIOT, rue Imbert-Colomès, 9.

Menuisiers en bâtiments, fondé en 1867; *secrétaire,* M. J. GUERRY, rue Vauban, 76.

Menuisiers en sièges, fondé en 1900; *secrétaire,* M. DORON, rue Louis-Blanc, 25.

Machinistes des théâtres, fondé en 1904; *secrétaire,* M. LAMIER, grande rue de la Guillotière, 4.

Manouvriers de Neuville-sur-Saône, fondé en 1898; *secrétaire,* M. E. BENOIT, rue Émile-Zola, 5.

Ouvriers caoutchoutiers, fondé en 1904; *secrétaire,* M. BITAUD, cours Lafayette prolongé, 33.

Ouvriers ravaleurs, fondé en 1901; *secrétaire,* M. FLOU, rue des Trois-Pierres, 51.

Ouvriers, ouvrières en sparterie, fondé en 1891; *secrétaire,* M. BOURGEOIS, rue des Mouches, 29.

Ouvriers, ouvrières en confection, fondé en 1894; *secrétaire,* M. GUILLAUDON, rue Sébastien-Gryphe, 51.

Personnel civil des arsenaux, fondé en 1900; *secrétaire,* M. BOUCHET, rue Bichat, 7.

Peigniers et similaires, fondé en 1890; *secrétaire,* M. GOUÉRY, rue de Sèze, 39.

Postes, Télégraphes, Téléphones, fondé en 1899; *secrétaire,* M. GRIME, rue du Chariot-d'Or, 3.

Passementiers et similaires, fondé en 1905; *secrétaire,* M. PIOCT, rue Neyret, 9.

Passementerie lyonnaise, fondé en 1884; *secrétaire,* M. RÉNARD, rue du Bon-Pasteur, 2.

Parqueteurs raplanisseurs, fondé en 1901; *secrétaire,* M. MONIER, rue Ney, 102.

Paveurs, dresseurs et piqueurs de grès, fondé en 1901; *secrétaire,* M. X...

Plâtriers de Lyon, fondé en 1903; *secrétaire,* M. DUCROT Léon, rue Rabelais, 71.

Sténographes commerciaux, fondé en 1902; *secrétaire,* M. BONAFÉ, cours Henri, 145.

Sculpteurs sur bois et Mouluriers, fondé en 1880; *secrétaire,* M. DREYER, rue Amédée-Bonnet, 9.

Service municipal des Eaux, fondé en 1902; *secrétaire,* M. SUCHON, rue de l'Egalité, 28.

Serruriers de Lyon, fondé en 1882 ; *secrétaire,* M. Cotte.

Tramways O. T. L., fondé en 1870 ; *secrétaire,* M. Gache, rue Ney, 60.

Tramways N. L. T., fondé en 1900; *secrétaire,* M. Suant, avenue des Ponts, 131.

Tissage mécanique, fondé en 1886 ; *secrétaire,* M. Denis, rue Persoz, 3, Villeurbanne.

Tapissiers de Lyon, fondé en 1872 ; *secrétaire,* M. Béné, E., rue Fénelon, 30.

Tisseurs et similaires, fondé en 1884 ; *secrétaire,* M. Simond, rue du Mail, 21-23.

Tullistes réunis, fondé en 1887 ; *secrétaire,* M. Mitifiot, cours Emile-Zola, 45.

Teinturiers et similaires, fondé en 1882; *secrétaire,* M. Buffin, avenue Thiers, 65, Villeurbanne.

Tisseurs de Lyon, fondé en 1877 ; *secrétaire,* M. Patrigot, rue Dumenge, 17.

Travailleurs du Gaz, fondé en 1899 ; *secrétaire,* M. Duperray, rue Magenta, 76.

Tôliers, Poêliers, Fumistes, fondé en 1901 ; *secrétaire,* M. X...

Voituriers camionneurs réunis, fondé en 1904 ; *secrétaire,* M. Chavancy, rue Moncey, 152.

Tailleurs de pierre réunis, fondé en 1884 ; *secrétaire,* M. Robin, rue des Chevaucheurs, 36.

Employés d'Epicerie, fondé en 1900 ; *secrétaire,* M. Dussert, rue des Passants, 17.

Typographie lyonnaise, fondé en 1861 ; *secrétaire,* M. Broichot, rue de la Vierge-Blanche, 7.

Tailleurs d'habits, fondé en 1885 ; *secrétaire,* M. Courtois, cours de la Liberté, 64.

Bateaux-mouches, fondé en 1901 ; *secrétaire,* M. Combe, quai des Etroits, 7.

Dessinateurs en nouveauté, fondé en 1889 ; *secrétaire,* M. Carré J., ruelle des Tapis, 8.